NATÜRLICH
NACHHALTIG!

NATÜRLICH NACHHALTIG!

Die Bremer Stadtmusikanten entdecken die 17 UN-Nachhaltigkeitsziele

Ulrike Hövelmann & Anne-Kathrin Laufmann
mit Illustrationen von Andreas Röckener

Für Lina und Mats
und für Ella und ihre kleine Schwester

LIEBE LESERINNEN UND LESER,

nachhaltiger Umweltschutz und eine nachhaltige Entwicklung sind superwichtig für unsere Zukunft. Aber was heißt das eigentlich und wie können wir uns persönlich dafür starkmachen? Gemeinsam mit den Bremer Stadtmusikanten und deren Freund, dem steinernen Roland zu Bremen, erklären wir euch die 17 UN-Nachhaltigkeitsziele, die ganz wichtige Grundlagen für nachhaltige Verhaltensweisen beschreiben.

Ihr Kinder seid die Zukunft der Welt und wenn ihr gut über nachhaltigen Umweltschutz und eine nachhaltige Entwicklung Bescheid wisst, könnt ihr gemeinsam mit den Erwachsenen aus den Fehlern der Vergangenheit lernen und das Leben und Zusammenleben auf der Erde für alle verbessern.

Viele haben uns bei der Arbeit an dem Buch unterstützt und besonders danken wir drei tollen Frauen: Prof. Dr. Antje Boetius und Dr. Kirsten Kappert-Gonther für ihre begleitenden Worte und bei Doris Sövegjarto-Wigbers vom Zentrum für Umweltforschung und nachhaltige Technologien (UFT) der Universität Bremen, die uns mit Rat und Tat in kniffligen Fragen völlig unkompliziert unterstützt hat.

Und klar, ohne finanzielle Hilfe hätten wir dieses Buch nicht auf die Beine stellen können. Lieben Dank deshalb an die Niederlassung Brinkum & Bremerhaven von IKEA Deutschland und an die Bremer Stadtreinigung.

Zu guter Letzt möchten wir schließlich den „Fridays for future"-Aktivisten danken, denn ohne sie hätte das Thema Umweltschutz niemals diese Präsenz erfahren. Macht weiter so!

Wir hoffen, dass euch das Buch viele Anregungen gibt und dabei auch Freude macht. Lasst uns gemeinsam aktiv für den Schutz unserer Erde werden.

Eure

ANNE-KATHRIN LAUFMANN und ULRIKE HÖVELMANN

DIE BREMER STADTMUSIKANTEN ist eines meiner Lieblingsmärchen. Schon als Kind gefiel mir die Geschichte von den armen alten Nutztieren, die zusammen ihr Schicksal in die Hand nehmen, auf Reisen gehen, als Team stark sind und sich ein glückliches Leben schaffen.

Die Bremer Tiere waren nur vier, aber haben einiges geschafft. Nun liegt es an allen Menschen, in Zukunft ein gutes Leben zu führen und gleichzeitig die Natur zu schützen. Die 17 UN-Nachhaltigkeitsziele sollen dabei helfen und die Weltengemeinschaft dazu verpflichten, noch in diesem Jahrzehnt den Schutz der Erde und der Menschen zu gewährleisten. Alle Ziele gehören zusammen und eines soll das andere stärken – so wie bei den Stadtmusikanten. Und wir sollten uns gemeinsam dafür einsetzen, dass diese Ziele erreicht werden – mit klugen Ideen, neuen Techniken und mit viel mehr Wertschätzung für alles Leben auf der Erde.

Die Ziele sind aber so groß, dass jeder von uns auch mal daran zweifelt, ob sie überhaupt erreicht werden können. Man kann sich nicht so recht vorstellen, was da der kleine Handlungsspielraum einer einzigen Person oder Region angesichts dieser riesigen Herausforderung bewirken kann. Ich halte es da aber mit den Bremer Stadtmusikanten: Gemeinsam sind wir stark! So, wie die Stadtmusikanten gemeinsam schließlich die Räuber vertreiben, um sich eine gute Zukunft zu sichern, so geht es nun darum, gemeinsam auch die Praktiken loszuwerden, die den 17 Nachhaltigkeitszielen im Weg stehen. Ich hoffe, dieses Buch bringt euch auf viele Ideen. Viel Freude beim Lesen und Entdecken!

PROF. DR. ANTJE BOETIUS

Direktorin des Alfred-Wegener-Instituts, Helmholtz-Zentrum für Polar- und Meeresforschung (AWI)

SAUBERES WASSER TRINKEN, in der Schule lesen und schreiben lernen, bei Krankheit zur Kinderärztin gehen – ist doch klar? Leider ist das längst nicht überall und für alle Kinder selbstverständlich. Darum sind die UN-Nachhaltigkeitsziele so wichtig. Alle Kinder und alle nachfolgenden Generationen sollen ein gutes Leben führen können. Besser noch als heute, nämlich gerechter und im Einklang mit der Umwelt und ihren natürlichen Ressourcen.

Ich finde es fabelhaft, dass dieses Buch Kindern und Erwachsenen zeigt, wie mit persönlichem Engagement etwas bewegt werden kann. Besonders faszinierend finde ich, dass alle Bereiche zusammenhängen: Für sauberes Wasser brauchen wir eine gute Landwirtschaft ohne Gift in den Böden. Auf guten Böden wächst gesundes Essen. Wer gesund isst, kann besser lernen. Wer besser lernen kann, hat bessere Chancen nicht in Armut zu leben. Weniger Armut bedeutet mehr Gerechtigkeit für Mädchen und Frauen. Gleichberechtigung führt zu einer besseren Verteilung von Arbeit und Vermögen.

Besonders wichtig ist eine vielfältige Beteiligung. Alle können selbst etwas beitragen und gemeinsam klappt es besser als allein. Vielleicht gibt es in der Schule eine Umwelt-AG oder in der Nachbarschaft entstehen neue Ideen, was im Garten und im Quartier getan werden kann, um eines oder mehrere der 17 Ziele zu unterstützen?

Ich habe immer wieder erlebt, wie viel Spaß es macht, gemeinsam mit anderen ein Projekt auf die Beine zu stellen, ob in der Politik, in der Schule oder im Freundeskreis. Ich wünsche allen, die dieses wunderschöne Buch lesen, viel Inspiration und Menschen um sich, die zusammen die Welt verändern wollen!

DR. KIRSTEN KAPPERT-GONTHER
Mitglied des Deutschen Bundestages

„DONNERWETTER,

das habe ich ja in meinen mehr als 600 Jahren noch nicht erlebt!"
Der riesengroße Roland ist immer noch ganz aufgeregt, als er in
der Abenddämmerung dieses ganz
besonderen Tages seine Freunde,
die Stadtmusikanten, auf dem
Marktplatz in Bremen trifft.
„Nun hört euch den alten Mann an,
er ist ja kaum wiederzuerkennen",
säuselt die Katze und streicht sich
über den Schnurrbart. „Erzähl mal,
was ist dir denn in die steinernen
Knochen gefahren?"

Der Bremer Roland steht
seit 1404 als Steinstatue
am Bremer Rathaus. Er
ist mit einer Gesamthöhe
von 10,21 Metern die
größte frei stehende
Statue des deutschen
Mittelalters. Er gehört
seit 2004 zusammen mit
dem Bremer Rathaus zum
UNESCO Weltkulturerbe.

„Der Marktplatz war voller
Menschen! Große, kleine, dicke, dünne, alte, junge Menschen!
Ach, was sag ich, es waren so viele Menschen wie noch nie hier!",
ruft der Roland begeistert.

Die Bremer
Stadtmusikanten ist
ein Märchen der Brüder
Grimm von 1819. Seit
1953 steht eine vom
Künstler Gerhard Marcks
geformte Bronzestatue
am Bremer Rathaus.

„Alle wollten, dass endlich
etwas für den Schutz der Erde
getan wird. Stellt euch nur vor:
2019 waren die Temperaturen
auch in Bremen durchschnittlich
so hoch wie fast noch nie! Und
geregnet hat es auch nicht lange
genug. Viele Menschen weltweit

machen sich Sorgen, denn das Klima ändert sich spürbar. Ich habe gehört, dass das Eis am Nord- und Südpol immer weiter schmilzt und wir uns hier in Bremen in einigen Jahren ziemlich nasse Füße holen werden.

Es waren über 30.000 Menschen auf der Demonstration, die haben gar nicht alle auf unseren schönen Marktplatz gepasst! Einer der Teilnehmer hat übrigens das hier an meinen Füßen abgelegt und dann vergessen", sagt der Roland, hebt einige zusammengefaltete Zettel auf und beginnt vorzulesen: „17 Nachhaltigkeitsziele der Vereinten Nationen ..."

„Moment!", brummt der Hund, „das verstehe ich nicht. Nachhaltig? Was heißt das denn, nachhaltig?" – „Na, dass es hält", erklärt der Esel, „und zwar auch noch nach einer ganz langen Zeit. Man könnte auch Wirksamkeitsziele sagen, weil es ja lange wirken soll. Das Wort gefällt mir eigentlich auch ganz gut. Aber Roland, alter Kumpel, das ist doch nicht alles, was da auf deinen Zetteln steht, oder? Ich würde gerne mehr hören."

„Jawoll", bellt der Hund, „gute Idee, ich auch. Die Nacht ist lang, die Nacht ist klar, Vorlesen wär jetzt wunderbar! Also, Roland, was steht da noch?"

Neugierig setzen sich die Stadtmusikanten vor ihren steinernen Freund und schauen erwartungsvoll zu ihm auf. Doch der blättert erst einmal in den Seiten herum, liest hier, liest da, leise, nur für sich. Außer einem gelegentlichen „Oha!" oder „Ist ja ein Ding!" können die Stadtmusikanten nichts hören. Sie schauen sich schließlich etwas ratlos an und werden langsam ungeduldig.

„Was ist denn los, Roland, alter Junge aus Stein und Mörtel, so habe ich dich echt noch nicht erlebt", plappert die Katze schließlich neugierig. Und weil der Roland sie ganz besonders gerne mag, hebt er langsam seinen Blick, kratzt sich nachdenklich am Kopf und sagt dann bedächtig: „Ich habe heute gehört, dass es auf der Erde immer mehr Menschen geben wird. Vor dreißig Jahren waren es 5,3 Milliarden, jetzt mehr als 7 Milliarden. 2050 wird es mehr als 9 Milliarden Menschen auf der Welt geben. Besonders stark wächst die Bevölkerung in Afrika."

In jeder Sekunde wächst die Weltbevölkerung um durchschnittlich 2,6 Erdenbürger. Im Jahr 2019 lebten rund 7,71 Milliarden Menschen auf der Welt.

„So, und dass das Probleme mit sich bringt, vor allem, weil die Menschen die Erde nicht behutsam behandeln, ist doch wohl jedem der hier Anwesenden glasklar. Deshalb haben die Vereinten Nationen die 17 Nachhaltigkeitsziele verabschiedet. Sie möchten diese Ziele bis 2030 umzusetzen", sagt der Roland nachdenklich. Die Stadtmusikanten schauen sich erstaunt an. „Na, da hat unser

Die Vereinten Nationen wurden am 24.Oktober 1945 gegründet. Zu ihren wichtigsten Aufgaben zählen die Sicherung des Weltfriedens, die Einhaltung des Völkerrechts, der Schutz der Menschenrechte und die Förderung der internationalen Zusammenarbeit. Sie haben einstimmig die 17 Nachhaltigkeitsziele verabschiedet.

Roland ja etwas wirklich Bedeutendes zu seinen Füßen gefunden. So, und nun wollen wir mal sehen, was es mit diesen Zielen auf sich hat und was wir alle dafür tun können, um sie umzusetzen", sagt der Esel, der ein wahrlich weiser Esel sein kann. „Wenn der Herr Roland nichts dagegen hat, lese ich euch mal das erste Ziel vor ...

ZIEL 1 KEINE ARMUT

Erfolgreiche Bekämpfung aller Formen von Armut weltweit

Das finde ich richtig! Wenn nicht mehr manche Menschen megareich sind und viele andere bitterarm durchs Leben gehen müssen, dann gibt es viel mehr Zufriedenheit auf der Welt. Leute, da bin ich ganz sicher! Wisst ihr, dass ein Prozent der Weltbevölkerung die Hälfte des weltweiten Vermögens besitzt? Das heißt, dass viele Menschen

Mehr als 760 Millionen Menschen auf der Welt leben unterhalb der Armutsgrenze. Dafür gibt es verschiedene Ursachen, die miteinander zusammenhängen und so einen Kreislauf formen, den man kaum überwinden kann. Diese Armut wird oft von Generation zu Generation weitergegeben.

sehr wenig oder gar nichts haben und einige wenige Menschen förmlich im Geld schwimmen. Ist doch glasklar, dass dann viele unzufrieden und traurig sind. Es muss allen gut gehen und diese

Ungerechtigkeiten müssen sich ändern. Sonst gibt es bald noch viel mehr Menschen, die in ihrem eigenen Land wegen der Armut nicht mehr überleben können und die Schere zwischen arm und reich wird immer größer. Leicht wird die Bekämpfung der Armut weltweit allerdings nicht werden", sagt der Esel und schaut bedächtig in den Sternenhimmel.

Was kannst du tun?

🍎 Rede mit deinen Eltern darüber, regionale Produkte zu kaufen, damit die Wirtschaft in deiner Region gestärkt wird.

🍎 Frag deine Eltern, ob ihr auch fair gehandelte Produkte kaufen könnt, die eine faire Produktion und Entlohnung gewährleisten.

🍎 Verkaufe oder verschenke dein ausrangiertes Spielzeug oder deine Kleidung und wirf nicht einfach weg, was noch gut ist.

Welche Ideen hast du noch?

Die Katze hat aufmerksam zugehört und ist aufgeregt. Ihre grünen Augen funkeln: „Miau, mio, lass mich Ziel 2 vortragen, bitte." Sie holt tief Luft und liest: „Also ...

ZIEL 2 KEIN HUNGER

Den Hunger beenden, Ernährungssicherheit und eine bessere Ernährung erreichen und eine nachhaltige Landwirtschaft fördern

Oh ja, ich erinnere mich noch gut daran, wie wir vier draußen vor dem Räuberhaus mitten im dunklen Wald standen und so bitteren Hunger hatten. Das waren wahrlich schlimme und unsichere Zeiten für uns. Wir mussten ja alle von daheim fliehen, weil ... ach, na ja, ich komme mal wieder ins Plaudern. Fakt ist: Alle Lebewesen brauchen Nahrung! Jeder braucht doch etwas zu essen und zu trinken."

Die Katze faucht jetzt böse und ihre Augen funkeln wie glühende Kohlen: „Das kann doch nicht wahr sein, dass alle zehn Sekunden ein Kind aufgrund von Unterernährung stirbt und jeder vierte Mensch auf der Welt nicht genug zu essen hat. Das müssen wir ab sofort jeden Tag laut klagend in die Welt rufen – und zwar so lange, bis sich endlich daran etwas ändert!"

Alle zehn Sekunden stirbt auf der Welt ein Kind unter fünf Jahren an den Folgen von Hunger. Jeder 4. Mensch leidet laut Welthungerhilfe an Mangelernährung.

Was kannst du tun?

🍏 Du kannst öfter vegetarisch essen und damit den Fleischkonsum reduzieren.

🍏 Lebensmittelreste kannst du noch verwerten, anstatt sie zu entsorgen. Frag deine Eltern und kocht zusammen.

🍏 Wenn ihr einen Garten habt, dann pflanzt viele verschiedene Sorten Gemüse an.

🍏 Informiere dich über „Urban Gardening"- Projekte in deiner Stadt — dort kann jeder etwas anpflanzen, auch ohne eigenen Garten.

🍏 Schmeiß abgelaufene Lebensmittel nicht gleich weg, sondern prüfe sie erst genau. Vieles ist auch nach Ablauf des Mindesthaltbarkeitsdatums noch gut und essbar.

Welche Ideen hast du noch?

_____

_____

_____

_____

_____

_____

„Nun bin ich aber dran", kräht der Hahn. „Hoffentlich ist das Ziel, das ich verkünden kann, nicht ganz so trostlos! Ich kann das gar nicht gut ab, wenn es jungen Tieren und Menschen nicht gut geht. Die haben noch ihr ganzes Leben vor sich und brauchen doch ein warmes Nest und eine sichere Kinderstube. Nun also bitte die volle Aufmerksamkeit auf mich alten Gockel, es kommt ...

ZIEL 3 GESUNDHEIT UND WOHLERGEHEN

Ein gesundes Leben für alle Menschen jeden Alters gewährleisten und ihr Wohlergehen fördern

Ein super Ziel, oder? Jeder Mensch soll gesund leben können, also alle, alle, alle Menschen! Alle Hühner und Hähne auch, das möchte ich hier mal persönlich ergänzen", er spreizt seine Federn, schaut zufrieden in die Runde und fährt fort: „Ja, na gut, auch alle anderen Tiere. Und unser Roland soll nicht von Umweltgiften zerfressen werden, er ist doch so ein schöner Mann! Wisst ihr was? Das ist ein Ziel, bei dem jeder selbst etwas tun kann. Ich denke nur an Rauchen. Igitt! Das stinkt nicht nur ekelig, es macht auch die Atemwege kaputt und schadet anderen Menschen, die

in der Nähe sind. Außerdem ist es mega teuer! Das Geld kann man bestimmt besser anlegen, zum Beispiel für gesunde Lebensmittel – Hähne mal ausgenommen." Die Katze ergänzt mütterlich: „Das heißt sicher auch, dass Eltern ihre Kinder nicht nur mit Fertiggerichten ernähren sollen. Selber kochen ist gesünder und dann weiß man auch, was in der Mahlzeit drin ist. Also ran an den Kochtopf! Und eines sage ich euch auch noch: Finger weg von zu viel Zucker! Mal ein Stück Schokolade ist okay, aber Vorsicht, kaputte Zähne tun weh und zu viel Speck auf den Rippen ist nicht gesund, bei Jungen und bei Alten. Und wisst ihr, was ich gehört habe? Nicht nur in Deutschland, sondern auch in vielen anderen, reicheren Ländern, ernähren sich die Menschen nicht mehr gesund! Überall auf der Welt müssen die Menschen also selbst daran arbeiten, ein gesundes Leben zu führen. Dafür müssen sie

Mehr als die Hälfte aller deutschen Erwachsenen war in den letzten Jahren übergewichtig. Bei Berufstätigen ist das leider schon ein Normalzustand. Eine gute Entwicklung zeichnet sich bei Einschulungskindern ab: In dieser Altersgruppe sind die Zahlen der übergewichtigen Kinder leicht rückläufig.

aber auch darüber aufgeklärt werden, was gesund ist und wie sie das erreichen können. Es ist ja schließlich nicht jeder ein Sportler oder Ernährungsexperte, oder, Leute?" – „Freunde, ich habe euch gut zugehört und das ist sicher alles richtig, was ihr hier in nächtlicher Runde auf dem Marktplatz erklärt. Jedoch, was nützen Fakten, wenn die Menschen nicht Bescheid wissen und erkennen, dass auf der Welt etwas schiefläuft? Nicht viel, oder? Deshalb schnappe ich mir als gebildeter Esel mal flink ...

Was kannst du tun?

🍎 Du kannst kurze Strecken zu Fuß gehen oder mit dem Rad fahren, anstatt dich mit dem Auto bringen zu lassen.

🍎 Dein Zimmer kannst du immer ordentlich durchlüften, um Schadstoffe aus der Raumluft zu entfernen.

🍎 Verbringe deine Freizeit mit deinen Freunden draußen, anstatt vor der Spielkonsole oder dem Fernseher zu hocken.

🍎 Mach Kochen zu deinem Hobby: Zusammen mit deinen Eltern oder Großeltern kannst du frische Lebensmittel zubereiten und gemeinsam essen. So bestimmst du, was es zu essen gibt!

🍎 Vermeide zuckerhaltiges Essen und schau dir die Nährwerttabellen der Verpackungen an — dort siehst du, wie viel Zucker in den Lebensmitteln steckt.

Welche Ideen hast du noch?

_____

_____

_____

_____

_____

ZIEL 4
HOCHWERTIGE BILDUNG

Inklusive, gleichberechtigte und hochwertige Bildung gewährleisten und Möglichkeiten lebenslangen Lernens für alle fördern

Ja, Freunde, ihr habt richtig gehört, das Ziel ist ganz klar: Alle Menschen auf der Welt sollen gut gebildet sein. Egal ob schwarz oder weiß, dick oder dünn, unterschiedlich geistig oder körperlich begabt, arm oder reich, und was es sonst noch für Abstufungen geben mag. Jeder hat das Recht auf Bildung! Und wer gebildet ist und sein Leben lang weiterlernt, der hat es gut und lässt sich auch so leicht nichts anschnacken. Ich habe gehört, dass sich viele Kinder auf der Welt nichts sehnlicher wünschen, als zur Schule gehen zu können." Der Esel holt tief Luft: „Traurig, dass das so ist, sehr traurig. Aber traurig sein ändert nichts. Wir müssen alle etwas tun, um die Welt ein kleines bisschen besser zu machen!"

Lange hat der Roland geschwiegen und seinen treuen Freunden nachdenklich zugehört. Er hat in seinen mehr als 600 Jahren schon viel erlebt und gesehen und seine Erfahrungen sind, wie er selbst ja auch, riesig. Nun mischt er sich ein: „Ohne Bildung können viele Träume nicht in Erfüllung gehen. Ich weiß das aus Erfahrung, denn ich habe gesehen, dass die Zeiten ohne Bildung für alle dunkle

Zeiten waren. Da könnte ich euch schlimme Geschichten erzählen ... Für uns hier in Deutschland ist das Recht und die Pflicht zur Schule zu gehen zum Glück selbstverständlich. Aber leider können trotzdem längst nicht alle Menschen lesen und schreiben."

Weltweit können 262 Millionen Kinder und Jugendliche nicht zur Schule gehen. 617 Millionen Kinder und Jugendliche können nicht lesen und rechnen. Für sie ist es sehr schwer, weil sie gar keine Chancengleichheit erleben. Kinderarbeit und Ausbeutung sind für sie oft trauriger Alltag.

„Das kann ich kaum glauben!", bellt der Hund. „Ja, klingt komisch, ist aber so, alter Vierbeiner im Pelz", erwidert Roland der Riese weise. „Der Schulbesuch ist in Deutschland zwar kostenlos und verpflichtend, aber die Menschen kommen ja auch mit ganz unterschiedlichen Voraussetzungen in die Schule. Es gibt noch immer viel zu viele Ungerechtigkeiten. Zum Beispiel können nicht alle Kinder ins Theater gehen oder in einen Sportverein eintreten. Ihre Eltern würden das sicher gerne erlauben, aber sie haben nicht genug Geld. Nicht alle Kinder haben Bücher zu Hause, denn Bücher sind teuer. Nicht allen Kindern wurde vorgelesen, als sie klein waren. Nicht für alle Kinder ist Deutsch die Muttersprache. Wie oft habe ich hier auf dem Marktplatz schon den Ruf ‚Gute Bildung für alle!' gehört. Ja, gute Bildung bedeutet sehr viel und ist der Schlüssel für Menschlichkeit und Mitgestaltung. Nicht einfach, aber einfach wichtig! Habt ihr schon einmal gehört, dass jemand sagte ‚Man lernt nie aus.'? Das war vermutlich ein gut gebildeter Mensch."

VERGISS NICHT:
Lesen macht
schlau!

Was kannst du tun?

🍏 Sei neugierig und stelle Fragen, wenn du etwas nicht verstehst. Es gibt keine dummen Fragen, denn wer fragt, der ist schlau, weil er lernen möchte.

🍏 Glaube nicht alles, was du hörst, sondern hinterfrage Sachen, die du komisch findest und bilde dir dann dein eigenes Urteil.

🍏 Führe Gespräche mit anderen, denn das hilft, eine eigene Meinung zu entwickeln.

🍏 Engagiere dich in Vereinen oder Organisationen, dort gibt es immer etwas zu tun und Neues zu entdecken.

🍏 Sei aktiv und behalte die Augen offen! Auch im Museum oder bei einer Wanderung kann man immer wieder Neues entdecken und andere Sichtweisen lernen.

🍏 Gib dein Wissen an deine Geschwister oder Freunde weiter. Du könntest zum Beispiel auch als Lern- oder Lese-Pate aktiv sein.

Welche Ideen hast du noch?

_____

_____

_____

_____

Bim, bam, bim! – Die großen Domglocken läuten zur vollen Stunde. Die Sterne funkeln und der gute alte Mond scheint heute nur für die Stadtmusikanten zu leuchten. Die aber schauen

zum Kirchturm und haben so ihre eigenen Gedanken. Während der Hund noch über das Lernen grübelt, ist der Hahn insgeheim dabei, einen ganz eigenen Plan zu schmieden. Noch ist dieser Plan nicht ganz genau in seinem hübschen Kopf gereift, aber ein Anfang ist gemacht. „Der 23. September 2020, hm, kikeriki, der 23. September 2020, ja, das wäre doch auch was für uns …", flattert ihm der Gedanke durch den Kopf. Er hat heute nämlich aufgeschnappt, dass am 23. September 2020 wieder eine ganz große Demonstration für Klimaschutz geplant werden soll. Im Geheimen sieht er sich schon an der Spitze laut krähend flattern. Ja, das wäre doch was!

„Leute, hört mal, jetzt komme ich!", unterbricht die Katze entschlossen die Stille und Gedanken der Nacht. „Ich kann nur maunzen: Was ich hier sehe, das finde ich richtig, denn es wird auch endlich Zeit, dass Männer und Frauen gleiche Chancen und Rechte haben – und das nicht nur auf dem Papier, welches bekanntlich geduldig ist, sondern im echten Leben! Hört euch das hier mal an …

ZIEL 5
GESCHLECHTERGLEICHHEIT

Geschlechtergleichstellung erreichen und alle Frauen und Mädchen zur Selbstbestimmung befähigen

Wie ich eben schon so richtig gesagt habe: Papier ist geduldig, und das heißt, dass vieles sehr lange braucht, bis es wirklich Realität ist. In Deutschland dürfen Frauen seit einhundert Jahren wählen und gewählt werden. Für dieses Recht haben sie heftig kämpfen müssen. Ich erinnere mich noch an die zahlreichen Demonstrationen der Frauen im Jahr 1918 hier auf dem Marktplatz. Leider heißt das mit dem Wählen und Gewählt-werden-können aber noch lange nicht, dass heute genauso viele Frauen wie Männer in Parlamenten oder Räten vertreten sind. Männerüberschuss ist überall dort, wo entscheidend entschieden wird. Wusstet ihr das, meine Herren?"

„Nun dann, schauen wir uns mal im Bremer Parlament um. Auch hier sind die Männer an der Macht: Der Bürgermeister …", die Katze wendet sich mit viel Schwung dem Rathaus zu, „der Bürgermeister ist ein Mann!", sie dreht sich wieder und funkelt Richtung Parlament. „Der Bürgerschaftspräsident ist auch ein Mann!", aber triumphierend wendet sie nun den Kopf Richtung

Schütting, dem Gebäude der Bremer Kaufmannschaft: „Ein Lichtblick ist aber die Vertretung der Kaufleute, denn an der Spitze der Handelskammer steht zum ersten Mal eine Frau. Ich habe schon lange darauf gewartet und die Hoffnung nicht aufgegeben, dass Frauen an die Spitze der wirklich wichtigen Gremien gewählt werden."

Am 19. Januar 1919 beteiligten sich erstmals Frauen an der Wahl zur Nationalversammlung — als Wählerinnen und Gewählte. Der **Frauenanteil** damals betrug 8,7 Prozent. Heute, über 100 Jahre später, sind noch immer in keinem Parlament Frauen gleichberechtigt vertreten:

Kommunalebene, also im Stadtteil und in einer Gemeinde
· Nur 25 Prozent Frauen in kommunalen Vertretungen
· Nur 10 Prozent Frauen als (Ober-)Bürgermeisterinnen

Landesebene, also in den 16 Bundesländern
· Nur 30 Prozent Frauen in Landtagen (Spannbreite von 41 Prozent in Thüringen bis 21 Prozent in Sachsen-Anhalt)
· Zwei Ministerpräsidentinnen

Bundesebene, also die gewählten Volksvertreter im Reichstag in Berlin
· Nur 31,3 Prozent weibliche Abgeordnete (fraktionelle Spannbreite von 11 Prozent bei AfD bis zu 58 Prozent Bündnis 90/Die Grünen)

Der Hund schielt auf die Pflastersteine des Platzes und knurrt leise: „Ist sie nun endlich fertig? Ist ja kaum auszuhalten das Gemecker. Hol auch mal Luft, Mieze!" Aber die Katze ist nicht zu bremsen: „Ach, das geht dir ans Fell? Das willst du nicht hören, was? Aber es ist die Wahrheit und die muss ausgesprochen werden! In diesem Fall von mir. Ich bin ja schließlich das einzige weibliche Wesen in dieser erlauchten Runde." Streitbereit steht sie da, die gute Katze, und ihre Freunde halten mal lieber den Mund.

Auch in Bremen sind die Männer an der Macht. 60,7 Prozent der Mitglieder der Bremischen Bürgerschaft sind Männer, nur 39,3 Prozent Frauen. Bei der Bevölkerung des Bundeslandes Bremen ist es umgekehrt: Hier sind 50,65 weiblich und 49,4 Prozent männlich.

Frauen verdienen in Deutschland durchschnittlich 22 Prozent weniger als ihre männlichen Kollegen.

„Und damit nicht genug, noch immer verdienen Frauen für die gleiche Arbeit weniger als die Männer. Dabei arbeiten sie nicht nur in ihren Berufen, sie haben auch oft noch die gesamte Familienorganisation mit allem Drum und Dran zu meistern", ruft die Katze und kommt richtig in Fahrt, sie läuft hin und her, macht von Zeit zu Zeit einen Buckel, zeigt die Krallen und funkelt mit den Augen. „Ungerecht, ungerecht, ungerecht, ich würde mir das nicht gefallen lassen!"

Der Roland hebt den Kopf. Ihm hat die energische Rede der Katze gut gefallen und er ergänzt: „Wohl gesprochen, verehrte Freundin. Noch schlimmer sieht es mit der Gleichberechtigung der Geschlechter aus, wenn wir uns anschauen, wie es in der restlichen

Welt zugeht: In wirklich vielen Ländern werden die Frauen unterdrückt, ausgebeutet und zu Hause eingesperrt. Mädchen dürfen nicht zur Schule gehen und müssen schon in ganz jungem Alter hart arbeiten. Ich setze mich auf jeden Fall auch dafür ein, dass die Geschlechter überall gleichberechtigt entscheiden und gestalten dürfen."

„Wir sind an deiner Seite, Miezi, auf deine Freunde kannst du dich verlassen: Die Hälfte der Welt ist weiblich, die Hälfte der Macht muss deswegen auch weiblich besetzt sein – auch wenn wir Männer dafür lernen müssen, gerechter zu teilen", sagen Hahn, Hund und Esel und sehen sich dabei entschlossen und auch ein wenig stolz an. – Ja, sie sind in ihrem langen Leben wirklich weise geworden. Die Katze ist besänftigt und schnurrt: „Prima, gemeinsam sind wir stark! Kann mal einer von euch das nächste Ziel erklären?"

Was kannst du tun?

🍏 Tritt als Mädchen für deine Rechte ein und sei laut dagegen, wenn du ungerecht behandelt wirst. Unterstütze als Junge die Mädchen dabei.

🍏 Mache immer klar, dass Mädchen selbstbewusst, selbstverständlich und gleichberechtigt mitgestalten sollen. Informiere dich über die Rechte der Mädchen und Frauen weltweit und protestiere gegen Missstände.

🍏 Überdenke alte Rollenbilder, die Jungs und Mädchen sinnlos voneinander abgrenzen.

Welche Ideen hast du noch?

_____

_____

_____

_____

„Ja, sehr gerne, lasst uns weitermachen, Freunde, denn das nächste Ziel ist nun auch wieder sehr wichtig. Ein großes Thema, auch für uns!

ZIEL 6
SAUBERES WASSER UND SANITÄREINRICHTUNGEN

Verfügbarkeit und nachhaltige Bewirtschaftung von Wasser und Sanitärversorgung für alle gewährleisten

Alle Lebewesen brauchen Wasser – unbedingt! Und das muss sauber und nicht vergiftet sein, sonst droht doch jedem der Tod", sagt der Hund und schaut bekümmert in die Runde. „Ich habe vor fünfzig Jahren Wasser aus unserem Fluss getrunken. Brr, scheußlich! Die Weser war so verschmutzt, ekelig salzig und verseucht – ich glaube, das lag an Fabriken entlang des Flussufers weiter südlich.

Dann haben die Menschen zum Glück dafür gesorgt, dass sich das Weserwasser verbessern konnte. Schmeckt nun wieder ganz ordentlich, oder, Freunde? Aber das war damals auch höchste Eisenbahn, um etwas zu unternehmen. Ich mag mir gar nicht vorstellen wie es wäre, wenn das Weserwasser giftig wäre! Ich habe gehört, dass es Länder gibt, in denen die Flüsse so verseucht sind, dass alle Tiere darin sterben. Das ist doch unglaublich!"
– „Die Wasserverschmutzung der Flüsse, Seen, Meere, Ozeane

und des Grundwassers ist eine sehr ernste Angelegenheit, weil sauberes Wasser nun mal die Voraussetzung für alles Leben auf der Erde ist", ergänzt der Roland zustimmend mit seiner tiefen Stimme.

Durch achtlos weggeworfene **Zigarettenstummel** geraten jede Menge Giftstoffe, wie Arsen, Nikotin oder Blei in den Boden und damit ins Grundwasser. Studien zeigen, dass bereits eine Zigarette rund 40 Liter Grundwasser verunreinigt.

„Das Wasser wird jedoch nicht nur dadurch verschmutzt, dass üble Industrieabwässer einfach in die Flüsse, Seen und Meere geleitet werden, sondern auch durch die Überdüngung des Bodens, zum Beispiel mit Gülle."

Vor 100 Jahren gab es sehr viele Fische in der Weser. Doch mit wachsender Bevölkerung und mehr Industriebetrieben wurde die Wasserqualität immer schlechter. Die Flüsse Werra und Fulda, die bei Hann. Münden zusammenfließen und die Weser bilden, waren durch intensiven Kali-Abbau sehr belastet und das führte zu einer starken, ungesunden Versalzung der Weser. Bis Ende der 1980er-Jahre war die Weser streckenweise so verschmutzt, dass man nicht einmal mehr darin baden durfte. Der Aus- und Neubau von Kläranlagen sowie Verfahrensverbesserungen in der Industrie und die Verringerung des Kali-Abbaus sorgten dafür, dass sich die Wasserqualität allmählich wieder verbesserte. Heute darf man wieder in der Weser baden.

„Gülle? Was ist das denn?", ruft der alte Gockel dazwischen und der Roland antwortet geduldig: „Das musst du doch kennen! Gülle ist Kot von den Tieren, zum Beispiel von vielen Hühnern und Hähnen, die die Menschen leider oft in Massen in sehr engen Ställen halten. Die pupsen und pinkeln, und das muss ja irgendwo hin. Also fahren die Bauern den Mist dann mit großen Güllewagen auf die Felder. Das stinkt höllisch und ist auf Dauer sehr schlecht für das Grundwasser. Aber Kunstdünger, Insektengifte und Unkrautvernichter sind genauso teuflisch für die Natur. Das gehört meiner Meinung nach überall verboten ..."

„Dann sollte auch verboten werden, Öl ins Meer zu leiten. Das soll pro Jahr weltweit mehr als eine Million Tonnen sein! Kann ich mir gar nicht vorstellen, wieviel das ist", wirft der Hund ein. „Ist doch schon verboten", weiß die Katze, „aber leider passiert es trotzdem, und längst nicht jeder Bösewicht wird erwischt und bestraft."

Die Tiere versinken in tiefes Grübeln. So denkt der Esel darüber nach, wie es sein kann, dass so vielen Menschen kein

In den letzten Jahren konnten rund 5,43 Milliarden Menschen nachhaltig sichere, sofort verfügbare und saubere Trinkwasserquellen nutzen. Den übrigen 2,1 Milliarden Menschen bleibt das Recht auf Wasser jedoch verwehrt. 884 Millionen von ihnen haben nicht einmal Zugang zu einer sehr einfachen Wasserversorgung. Jedes Jahr sterben noch immer rund 361.000 Kinder unter fünf Jahren an Durchfallerkrankungen, die durch schmutziges Wasser und verunreinigte Lebensmittel verursacht werden.

sauberes Trinkwasser zur Verfügung steht. Der Hahn hat Bilder von überfüllten Hühnerställen im Kopf und schüttelt sich heftig. Der Hund denkt an die vielen Krankheiten bei Mensch und Tier, die durch verseuchtes Wasser verursacht werden. Bleierne Stille senkt sich über den Marktplatz. Ein Leben ohne Wasser ist unvorstellbar. Unvorstellbar, aber doch möglich. Der Roland weiß in seiner Weisheit, dass der Klimawandel weltweit zu verschärftem Wassermangel führt und dass das noch schlimmer werden kann. „Werden dann grausame Kriege ums Wasser geführt?", denkt er. In seinen mehr als 600 Jahren hat er sich eigentlich um Wasser nie besonders große Sorgen gemacht, im Gegenteil: In Bremen regnet es häufig und manchmal auch ein wenig zu viel. „Was mag die Zukunft nur bringen?", fragt er sich.

Achtlos weggeworfener Müll macht 80 Prozent des Plastikmülls in den Ozeanen aus, da er durch Flüsse, Wind und Abwasserrohre dort hingelangt. 13 Millionen Tonnen Plastikabfälle landen so im Meer — 20.000 Tonnen davon sind allein Verpackungsabfälle. Wirf deinen Abfall also immer in einen Mülleimer, damit er ordnungsgemäß entsorgt werden kann.

Was kannst du tun?

🍎 Im Haushalt kannst du viel Wasser sparen: Wasser abdrehen beim Zähneputzen, besser duschen als baden. Frag deine Eltern, ob ihr wassersparende Armaturen und Duschköpfe verwenden könnt.

🍎 **Entsorge Medikamente niemals in der Toilette.** Sie dürfen in den Restmüll, wenn auf dem Beipackzettel nichts anderes steht.

🍎 Stell ein Gefäß auf, in dem deine Familie alte und **verbrauchte Batterien sammeln und dann umweltfreundlich entsorgen kann.** D kannst sie in allen Geschäften abgeben, die auch selbst Batterien verkaufen.

🍎 Frag deine Eltern, ob sie wissen, dass **Farben und Lacke auf** speziellen Recyclingstationen entsorgt werden müssen. Du kannst dich bei deiner Stadtreinigung darüber informieren.

🍎 Weise deine Eltern auf **tropfende Wasserhähne** hin, denn jed Tropfen Wasser zählt!

Welche Ideen hast du noch?

Der Mond schaut milde lächelnd auf die Stadtmusikanten, die das Gehörte ganz traurig gemacht hat. Er möchte sie aufheitern, und schickt ihnen einen Gruß. „Boah! Habt ihr das gesehen? Eine Sternschnuppe! Große Klasse, vielleicht kommt ja noch eine?", bellt der Hund fröhlich. Seine finsteren Gedanken fliegen davon. Er heult den Mond befreit an und kläfft: „So, weiter, was gibt es noch? Die Nacht ist kurz, der Zettel lang, wir kommen zum nächsten Ziel ...

ZIEL 7 BEZAHLBARE UND SAUBERE ENERGIE

Zugang zu bezahlbarer, verlässlicher, nachhaltiger und moderner Energie für alle sichern

Jetzt wird es theoretisch, oder, meine Freunde?" – „Was ist das denn: moderne Energie?", kräht der Hahn über den einsamen Marktplatz. In diesem Moment schwebt ein Käuzchen vom Dach des Rathauses herunter und setzt sich auf die Schulter des Rolands: „Na, das ist ja mal eine feine Versammlung! Und das mitten in der Nacht – sagt mal, was ist es Geheimnisvolles, das euch zu dieser Stunde hier beratschlagen lässt?" – „Wir lesen von etwas sehr Wichtigem, nämlich von 17 Zielen, die die Welt retten können. Gerade geht es um Energie, die nicht zu teuer sein darf und sauber sein muss – und das auf der ganzen Erde. Ja, jetzt wird es kompliziert. Es geht nämlich zum Beispiel um CO_2, das ist Chemie, jawohl!", erklärt die Katze stolz. „CO_2 ist das chemische Zeichen für Kohlenstoffdioxid, das ist ein farbloses, geruchloses Gas. Und zu viel davon führt dazu, dass sich das Klima auf der Erde erwärmt, dass

Weltweit haben mehr als eine Milliarde Menschen keinen Zugang zu Elektrizität. Fast drei Milliarden Menschen sind beim Heizen und Kochen auf das Verbrennen von Holz, Holzkohle und Pflanzenresten angewiesen.

das Eis an Nord- und Südpol schmilzt, dass es keine kalten Winter mehr gibt und der Wasserspiegel der Meere und Ozeane steigt – und dann gibt es nasse Füße, Überschwemmungen und Fluten! Das ist gar nicht gut, das sag ich euch ...", der Roland schüttelt sein altes Haupt und fährt fort: „Früher gab es noch richtig kalte Winter mit Schnee und Eis. Die Menschen sind auf Schlittschuhen über zugefrorene Flüsse gesaust, Kilometer um Kilometer. Aber das gibt es hier schon länger nicht mehr. Also, sehr viel CO_2 ist richtig schlecht für die Umwelt. Es bildet sich nicht nur beim Autofahren, sondern auch beim Fliegen, beim Verbrennen von Holz und Kohle und von Erdgas und Erdöl. Deswegen brauchen die Menschen bessere und vor allem saubere Energie, für die nichts verbrannt werden muss und keine giftigen Treibhausgase entstehen. Und diese Energie muss auch bezahlbar, verlässlich und nachhaltig sein, damit auch Menschen in ärmeren Ländern

41

Ökostrom und erneuerbare Energiequellen nutzen können. Auch hier in Deutschland ist bisher längst nicht alles vorbildlich in Sachen Stromversorgung. Der Ausbau der Windkraftanlagen geht nur schleppend voran und der Ausstieg aus der Kohleenergie dauert vielen doch auch zu lange, oder?", fragt der Roland in die Runde.

„Die lieben Sonnenstrahlen können ja auch in Energie umgewandelt werden. Die Menschen haben eigentlich schon ganz schlaue Sachen erfunden, sie sollten sie nun auch mehr nutzen, denn Erdöl und Erdgas sind als Energiequellen begrenzt, die Sonne scheint bekanntlich bei Tag und Nacht – kommt drauf an, wo man gerade auf der Erde herumstromert", wirft der Esel ein und freut sich mächtig über seine klugen Worte.

Das Käuzchen nickt: „Freunde, das leuchtet doch alles ein! Ich finde es gut, dass die Menschen heute hier auf dem Marktplatz für den Schutz des Klimas demonstriert haben. Es waren so viele wie noch nie! Die haben mich zwar geweckt mit ihren lauten Rufen, aber das war eigentlich gut, sonst hätte ich das alles glatt verschlafen. So, und nun muss ich weiter. Ich werde dem Rat der Käuzchen von eurer interessanten Unterhaltung berichten. Wie wäre es, wenn wir Tiere demnächst auch einmal für den Erhalt der Erde demonstrieren würden? Das wäre doch mal was, ja, das wäre doch mal was ...", so murmelnd und pfeifend verschwindet der kluge Vogel lautlos flügelschlagend wieder in der dunklen Nacht.

Was kannst du tun?

🍏 Spare Energie, indem du Geräte ganz ausschaltest, wenn sie nicht benutzt werden. Du kannst dafür auch Steckerleisten mit An-/Ausschalter verwenden.

🍏 Schalte das Licht aus, wenn du einen Raum verlässt. Empfiehl deinen Eltern, energieeffiziente, langlebige und reparaturfähige Geräte zu kaufen.

🍏 Frage nach, ob deine Schule auch Sonnenenergie nutzen könnte.

🍏 Vermeide CO_2-Ausstoß, indem du auf Produkte aus Massentierhaltung verzichtest und das Auto nur nutzt, wenn es wirklich nötig ist.

Welche Ideen hast du noch?

_____

_____

_____

_____

_____

_____

„Hähnchen, los, lies das achte Ziel vor, ehe die Uhr Mitternacht schlägt. Ich bin gespannt, was wir noch zu hören bekommen!", bellt der Hund, der es sich mittlerweile auf den altehrwürdigen Pflastersteinen des Marktplatzes bequem gemacht hat. „Na gut, hört zu …

ZIEL 8
MENSCHENWÜRDIGE ARBEIT UND WIRTSCHAFTS- WACHSTUM

Dauerhaftes, breitenwirksames und nachhaltiges Wirtschaftswachstum, produktive Vollbeschäftigung und menschenwürdige Arbeit für alle fördern

Das klingt ganz schön kompliziert. ‚Menschenwürdig' verstehe ich ja noch, aber ‚nachhaltiges Wirtschaftswachstum'? Puh …", kräht der Hahn. Der Esel überlegt und sagt schließlich: „Ich verstehe das so: Wer nachhaltig handelt, denkt an die Welt von morgen und übernimmt Verantwortung dafür, die Erde unseren Kindern und Enkelkindern nicht verseucht und zerstört zu überlassen. Die Wirtschaft und die Umwelt beeinflussen sich gegenseitig, denn immer mehr

Geld und Gewinn kann schnell zu immer mehr verseuchter Erde führen. Denkt nur daran, dass in vielen Ländern die Abwässer einfach ins Meer und in die Flüsse geleitet werden, nur um Geld zu sparen. Das ist nicht nachhaltig, sondern gemeingefährlich. Oder denkt an die Regenwälder, die aus Geldgier abgeholzt werden.

Der Global Organic Textile Standard (GOTS) ist als weltweit führender Standard für die Verarbeitung von Textilien aus biologisch erzeugten Naturfasern anerkannt. Auf hohem Niveau definiert er umwelttechnische Anforderungen entlang der gesamten textilen Produktionskette und fordert gleichzeitig die Einhaltung von Sozialkriterien.

Das Fairtrade-Siegel steht für fair angebaute und gehandelte Produkte, bei denen alle Zutaten zu 100 Prozent unter Fairtrade-Bedingungen hergestellt sind und physisch rückverfolgbar sind.

Nachhaltiges Wirtschaftswachstum bedeutet, dass alle Menschen auf der ganzen Welt gleiche Entwicklungsmöglichkeiten haben. Sie brauchen eine gute und eben nachhaltige Arbeit, um ihr Leben und das ihrer Familien meistern zu können."

Der Esel fährt fort: „Tja, zugegeben, wenn man heute die Welt ansieht, ist vieles noch Zukunftsmusik.

Aber, Freunde, verzagt nicht! Wir Stadtmusikanten werden dieses Lied ab jetzt laut und stark in die Welt singen: Eine heile Umwelt und wirtschaftlicher und gesellschaftlicher Fortschritt für alle sind möglich, die Menschen müssen es nur wollen." In diesem Moment schlägt die Glocke vom Dom zwölf Mal. Mitternacht, die Stunden seit dem Fund des Heftchens mit den 17 Nachhaltigkeitszielen sind wie im Flug vergangen.

Was kannst du tun?

🍏 Achte beim Einkauf von Kaffee, Tee, Gewürzen, aber auch Spielzeug, gemeinsam mit deinen Eltern auf das Fairtrade-Siegel.

🍏 Kaufe weniger und dafür hochwertige, nachhaltige Kleidung. Du erkennst sie am GOTS- oder Fairtrade-Siegel. Denk einfach mal darüber nach, ob du die Sachen wirklich brauchst. Das ist nicht einfach, aber einen Versuch wert.

🍏 Du kannst die Wirtschaft deiner Umgebung stärken, indem deine Familie beim Einkauf auf die Regionalität der Produkte achtet.

🍏 Informiere dich über die Produktionsbedingungen deiner Lieblingsmarken.

„Wow, schon so spät?", miaut die Katze. „Wenn der Stoff gut ist, dann kann man ewig weiterlesen, findet ihr nicht? Wenn ich darf, würde ich gerne den nächsten Punkt vortragen.

Welche Ideen hast du noch?

ZIEL 9
INDUSTRIE, INNOVATION UND INFRASTRUKTUR

Widerstandsfähige Infrastruktur aufbauen, breitenwirksame und nachhaltige Industrialisierung fördern und Innovationen unterstützen

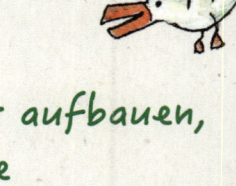

Ja, das stimmt! Auf unserem Weg nach Bremen hätten wir es auf jeden Fall einfacher gehabt, wenn die Straßen nicht so steinig und schlecht gewesen wären, oder, meine Freunde?", ruft die Katze in die tierische Runde. „Ja, aber wir sind trotzdem losgegangen, denn wir wollten ein besseres Leben! Aber damit das möglich ist, muss sich für alle etwas verbessern, nicht nur für Einzelne. Die ganze Gesellschaft muss sich weiterentwickeln, damit alle glücklich sind!", bellt der Hund entschlossen und fährt fort: „Fortschritt ist wichtig, aber bitte so, dass jeder davon profitiert und die Nachhaltigkeit im Vordergrund steht. Das haben wir jetzt ja schon gelernt. Wichtig ist zum Beispiel eine gute Infrastruktur für Straßen und Verkehrswege, für Strom und Wasser, oder für unser geliebtes Internet."

   „Au ja, von rumpeligen Straßen kann ich ein Lied singen. Da kommt man auch als junges Maultier nur schwer und mühsam

voran", sagt der Esel. „Und so, wie es dir einst erging, ergeht es noch heute Millionen von Menschen und Tieren. Also macht es Sinn, dass man die Förderung umweltfreundlicher Verkehrsmittel wie Bahn und Fahrrad verstärken sollte, oder dass Fabriken weniger Ressourcen verbrauchen und nachhaltiger produzieren. Wir haben ja gelernt, dass gerade die Herstellung von Konsumgütern sehr viel Wasser und Strom verbraucht. Und in vielen Ländern wird die Arbeit der Menschen sehr schlecht bezahlt. Ein verflixter Teufelskreis, der aufgelöst werden muss!", bellt der Hund und springt nun aufgeregt zu Füßen des Rolands herum.

Als Ressourcen bezeichnet man verschiedene Mittel, Quellen oder Gegebenheiten, die man zum Beispiel braucht, um bestimmte Ziele zu verfolgen oder Anforderungen zu bewältigen. Natürliche Rohstoffe wie Wasser, Bäume oder Sonnenenergie sind etwa Ressourcen der Erde. Denkvermögen, Körperkraft aber auch Engagement sind zum Beispiel Ressourcen der Menschen.

„Kikeriki, und ‚Innovationen'? Was bedeutet das schon wieder?", fragt der Hahn den Roland. „Innovation ist wichtig", sagt dieser, „das bedeutet Erneuerung oder Neugestaltung, also einfach immer wieder gute Ideen zu haben und diese dann auch umzusetzen. So kann man schlaue und ressourcenschonende Techniken entwickeln, die gut funktionieren und die jedem etwas Gutes bringen, zum Beispiel Arbeitsplätze und Wohlstand."

„Oh je, diese Sache ist wirklich kompliziert, aber das heißt eigentlich, dass Bildung und Forschung ganz wichtige Dinge sind, da sie zu neuen und besseren Ideen führen können, oder?", sagt der Hahn stolz. „Miau, Roland, das hast du aber toll erklärt. Ich habe es auch verstanden: Die Menschen müssen lernen und nachhaltig denken, um neue Antworten auf die Herausforderungen unserer Zeit zu finden, zum Beispiel darauf, wie man dem Klimawandel entgegenwirken kann", sagt die Katze und ist tief beeindruckt von diesem Ziel.

Was kannst du tun?

🍏 Überlege, welche Erfindung deine Stadt besser machen könnte. Lass deiner Fantasie freien Lauf und unterhalte dich mit deinen Freunden und Lehrern darüber.

🍏 Organisiere an deiner Schule einen Stadtentwicklungs-wettbewerb: Wie soll deine Stadt am besten aussehen, damit sich alle Einwohner wohlfühlen?

🍏 Denk dran: Lesen und Lernen ist wichtig, dadurch kommst du auf die besten Ideen und kannst sie auch selbst umsetzen!

Welche Ideen hast du noch?

_____

_____

_____

„Okay, okay, du hattest ein echt tolles Ziel. Jetzt will ich aber auch mal wieder etwas vorlesen", sagt der Esel. „Ich habe ja nicht umsonst meine Lesebrille aufgesetzt. Also alle zuhören bitte …

ZIEL 10
WENIGER UNGLEICHHEITEN

Ungleichheit in und zwischen den Ländern verringern

Möchte dazu jemand etwas sagen?", fragt der Esel. „Ungleichheit?! Da denke ich sofort an mein Leben auf dem Hof. Mein Herr hatte es wirklich schwer, den Lebensunterhalt zu bestreiten. Für die Milch bekam er nur bitterwenig Geld und als ich in die Jahre kam und nicht mehr stark genug zum Aufpassen war, wurde ich vom Hof gejagt. Ich habe nur noch Arbeit gemacht und ihn Geld gekostet, sagte er damals. Vielleicht hätte er mich nicht so grausam behandelt, wenn es ihm selbst besser ergangen wäre. Tja, vielleicht hätte ich dann auf dem Hof bleiben können", sagt der Hund traurig und nachdenklich. „Aber, Freunde, dann hätten wir uns ja nicht kennengelernt – und das wäre ein weit größeres Unglück gewesen! Aber tatsächlich, es ist schon ein Übel für die Welt, dass Einkommen und Vermögen überall so ungleich verteilt sind. Alle Menschen sollten ihr Leben doch selbst

bestimmen können und dabei fair bezahlt werden. Sonst sind alle irgendwann nur noch unzufrieden, traurig und manchmal auch gemein. Dann gibt es keinen Zusammenhalt mehr und jeder kämpft nur noch für sich", jault der Hund.

„Junge Junge, mein alter vierbeiniger Freund, da hast du dir aber ganz schön wichtige Gedanken gemacht", kräht der Hahn. „Aber unser lieber Hund hat recht", sagt der Esel und fährt fort: „Wir leben alle auf demselben Planeten. Und deshalb sollten auch alle Länder und Menschen ein Recht auf Entwicklung, Wachstum und Mitsprache haben. Und um extreme Ungleichheit zu überwinden, ist die Zusammenarbeit aller Länder wichtig. Ungleichheit bringt Unzufriedenheit und Zorn – und Zorn kann leider auch zu Gewalt und Krieg führen."

„Krieg bedeutet Elend und Verwüstung. So etwas darf es nicht mehr geben. Das muss ganz entschieden verhindert werden! Also: Ungleichheiten in und zwischen den Ländern und deren Menschen

> Als **Einkommen** bezeichnet man das Geld, das man als regelmäßigen Lohn für seine Arbeit bekommt. Es gibt viele unterschiedliche Berufe auf der Welt und leider ist auch die Höhe des Lohns auf der Welt und unter den Geschlechtern sehr unterschiedlich.

> Ein **Vermögen** hat jemand, der sehr viel Geld für seine Arbeit verdient oder dem durch seine Familie sehr viel Geld zur Verfügung steht. Dieses Geld ist oft weit mehr als man ausgeben könnte, daher wird es oft in Wertsachen investiert. So verdient man also auch Geld, ohne dafür in einem Beruf arbeiten zu müssen.

müssen verringert werden. Das fängt übrigens schon im Kleinen an. Eigentlich denke ich gerade, dass das mit etwas gutem Willen doch nicht so schwer sein kann!", seufzt die Katze und schaut nachdenklich hinauf zum Mond.

Was kannst du tun?

🍏 Setze dich dafür ein, dass kein Kind ausgegrenzt wird.

🍏 Hilf neuen Kindern dabei, sich an deiner Schule einzuleben und unterstütze sie beim Lernen, wenn sie zum Beispiel noch nicht so gut deutsch sprechen können.

🍏 Benutze deinen Verstand und bilde dir eine eigene Meinung, bevor du sofort anderen glaubst.

🍏 Sei offen für andere Gedanken und Meinungen.

🍏 Höre anderen Menschen zu. Das erweitert deinen gedanklichen Horizont.

Welche Ideen hast du noch?

_____

_____

„Das ist ja alles mehr als spannend!", kräht der Hahn laut. „Und ich sehe hier auch schon Ziel 11 und nun bin ich wohl auch endlich mal wieder dran, einverstanden?"

„Aber klar, alter Kumpel, krähe drauflos, was das Zeug hält!", rufen die Freunde und versammeln sich gespannt um den Hahn. „Im 11. Ziel geht es anscheinend um Städte und Gemeinden", beginnt der Hahn langsam, „also aufpassen jetzt ...

ZIEL 11
NACHHALTIGE STÄDTE UND GEMEINDEN

Städte und Siedlungen inklusiv, sicher, widerstandsfähig und nachhaltig gestalten

Die Menschen ziehen immer häufiger in große Städte. Dort erhoffen sie sich ein besseres Leben. Wir sind ja jetzt auch Städter und haben unser am Ende klägliches Landleben hinter uns gelassen." „Miau, das stimmt", sagt die Katze nachdenklich und kratzt sich andächtig ihren grauen Kopf. Dann schaut sie nach oben und ruft mit funkelnden Augen: „Ja, Bremen ist nun unsere Heimat! Und Heimat ist dort, wo das Herz ist, oder, Freunde? Und weil wir unsere

Heimat lieben, sollten wir sie auch schützen. Das ist doch auch in dunkler Nacht sonnenklar! Ich habe übrigens gelesen, dass heute schon über die Hälfte der Weltbevölkerung in Städten lebt. Muss ja mega voll sein, wenn viele Millionen Menschen auf engem Raum zusammenleben. Ja, einfach ist das wohl eher nicht. Aber egal, ob man nun in der großen Stadt oder auf dem Land wohnt: Wenn man sich sicher und wohlfühlt, kann man überall ein gutes Leben haben. Und ihr wisst ja, etwas Besseres als den Tod findet man überall. So sind wir vier ja nach Bremen gezogen. Das war doch eine richtig gute Entscheidung. Erinnert ihr euch noch an das Räuberhaus und ...“

„Entschuldigung, alte Dame, in dieser Nacht wollen wir doch nicht die alten Geschichten erzählen, sondern in die Zukunft schauen. Also, wenn bald noch mehr Menschen in die Städte ziehen, dann wird es eng und wuselig. Alle wollen essen, wohnen, Geld verdienen, was lernen, von der einen Ecke der Stadt zur anderen kommen, sicher sein, in Museen und Theater gehen, im Park spazieren gehen und in die Sterne schauen – um nur einen Bruchteil dessen aufzuzählen, was die Menschen so im Allgemeinen treiben. Dann verbrauchen sie übrigens auch ganz viel Energie, oder nicht?“, fragt der Esel schlau in die Runde. „Ja, klar! Überlegt doch mal, was so viele Menschen alles brauchen: Autos, Straßenbahnen, Licht, Kühlschränke, Fernseher, Computer, Handys, Duschen, Toiletten, Heizung. Mir wird schon ganz schwindelig“, sagt der Hund und muss sich erst einmal hinsetzen.

Der Esel überlegt und fährt fort: „Ich habe gehört, dass die Städte für den Großteil des Energieverbrauchs und der energiebezogenen Treibhausgasemissionen verantwortlich sind. Klar, auf dem Land verbrauchen die Menschen auch Energie oder verursachen CO_2, weil sie häufig mit dem Auto fahren müssen, zum Beispiel zum Brötcheneinkauf, denn der nächste Bäcker ist heutzutage oft sehr weit entfernt von ihrem Dorf. Ja, früher war alles vor Ort. Die Zeiten ändern sich rasant, und nicht immer zum Guten. Hört auf euren alten Esel!"

„Aber Grautier, dann geht ja alles den Bach runter: Was haben wir heute Nacht schon alles gehört von schlechter Luft, zu viel Verkehr, genervten Menschen, hustenden Kindern, krächzenden Hähnen, dreckigen Flüssen ... Ich sag euch, die Welt geht bald unter!", krakelt der Hahn dramatisch und stellt erschrocken fest: „Wir können doch nicht alle ständig die Umwelt und uns selbst verseuchen, nur weil wir es immer noch bequemer haben wollen. Das ist doch schrecklich!" Der Esel lässt den Hahn auf seinen Rücken fliegen und der alte Roland will den Hahn beruhigen: „Lieber Flattermann, es gibt auch Auswege aus dieser düsteren Entwicklung: Damit die wachsenden Städte und die Gemeinden auf dem Land weiterhin lebenswert bleiben und auch in der Zukunft Bestand haben,

> Wenn fossile Brennstoffe, wie zum Beispiel Kohle, Erdöl und Erdgas verbrannt werden, entstehen Treibhausgasemissionen. Dies geschieht beim Autofahren, aber auch wenn wir heizen oder Strom nutzen, der nicht aus erneuerbaren Energien wie Sonnen-, Wasser- oder Windkraft besteht.

61

benötigt man eben eine starke Infrastruktur." – „Was soll das denn jetzt heißen?", fragt der Hahn und stolziert schon wieder ganz wild auf dem Eselsrücken herum. „Du immer mit deinem schlauen Gerede, mein alter steinerner Freund, das versteht doch kein Vierbeiner. Erklär es uns, aber bitte mit einfachen Worten", mischt sich der Hund ein, und springt mit einem kühnen Satz ebenfalls auf den Eselsrücken. „Aber Freunde, denkt mal mit, das ist doch ganz einfach: Auf dem Land müssen bessere Bedingungen geschaffen werden, damit man nicht immer mit dem Auto fahren muss. Bessere Bus- oder Bahnverbindungen zum Beispiel. Aber auch in der Stadt muss der öffentliche Nahverkehr mehr gefördert werden und auch günstiger sein, damit die Leute nicht mehr so viel oder sogar bestenfalls gar nicht mehr mit dem Auto fahren", sagt der Roland. Hund und Hahn sehen sich an und schließlich sagt der Hahn: „Ja, also wenn du es so erklärst ... das leuchtet ein. Da gibt es doch auch so eine tolle Idee und die wird ja auch immer beliebter: ‚Car-Sharing' nennt sich das und bedeutet, dass sich mehrere Personen ein Auto teilen. Gute Sache, denn es wird ja nicht jeder, so wie wir, auf dem Rücken eines Esels getragen." – „Oh, das stimmt natürlich. Was würden wir ohne dich machen, alter Freund?", ruft die Katze und springt mit einem eleganten Satz ebenfalls auf den Rücken des Esels.

Als *Infrastruktur* bezeichnet man Verkehrsnetze (Straßen, Schienen- und Wasserwege) sowie Versorgungs- und Entsorgungseinrichtungen (Energie-, Wasser-, Kommunikations- netze).

„Na seht ihr, wenn wir darüber reden, dann macht alles auch für mich alten Esel Sinn!", sagt das Maultier und fährt fort: „Die Menschen könnten doch auch mehr Fahrrad fahren oder kurze Strecken zu Fuß laufen und sich dabei unterhalten, so wie wir jetzt gerade." „Und wie schön wären auch viele Parks und Grünanlagen! Davon müsste es mehr geben in der Stadt, oder?", bellt der Hund und springt zurück auf die Pflastersteine des ehrwürdigen Marktplatzes. „Da hast du recht, mein schlauer Freund. Auf der einen Seite muss es genügend bezahlbaren Wohnraum in der Stadt geben, denn die vielen Menschen brauchen ein Zuhause und auf der anderen Seite soll genügend Grünfläche zu finden sein. Platz ist aber nicht unbegrenzt, und das heißt, dass irgendwann alle Gebiete verplant sind. Deshalb müssen die vorhandenen Flächen sehr gut und schlau genutzt werden. Man kann zum Beispiel Gebäude aufstocken, also in die Höhe bauen, und mehr Lücken zwischen den Häusern nutzen." „Kikeriki! Da bin ich platt, das sind doch gute Vorschläge! Wir Stadtmusikanten brauchen ja mit unserer schönen Formation auch nur recht wenig Platz – und die Menschen bewundern uns dafür in der ganzen Welt!", kräht der Hahn stolz und verlässt flatternd den Eselsrücken. Nur die Katze ist verdächtig ruhig. Sie hat sich hinterm Eselsohr eingekuschelt und schon ein Auge geschlossen.

„Hallooo, altes Samtpfötchen, nicht schlapp-machen jetzt", ruft der Hahn, schnappt sich geschickt das Heft, aus dem sie lesen, und fliegt damit zurück zur Katze. Die Mieze schreckt hoch: „Oh, da habe ich es mir wohl etwas zu gemütlich gemacht. Ich habe aber alles gehört, worüber ihr geredet habt! Mehr Stadtgrün und mehr Wohnraum schließen sich nicht aus. Man muss es nur schlau angehen. Und schlau sind die Menschen ja. Jedenfalls manche. Selbstverständlich nicht schlauer als wir Katzen, aber eben auch nicht dumm", lacht die Katze und ihre tierischen Freunde lachen herzhaft mit. Darüber muss sogar der Roland schmunzeln.

Was kannst du tun?

🍏 Fahr mehr mit dem Fahrrad und der Bahn. So verursachst du weniger Lärm und Abgase.

🍏 Erkunde mit deinen Freunden die Landschaft oder eure Stadt und redet darüber, was man verbessern könnte.

🍏 Engagiere dich zusammen mit anderen gegen nicht nachhaltige Bauprojekte in deiner Stadt.

Welche Ideen hast du noch?

_____

_____

_____

„Na dann, du schlaues Tierchen, mach dich mal nützlich und lies uns das nächste Ziel vor", sagt der Roland und zeigt auf das Heft im Schnabel des Hahns. „Sehr gerne, Verehrtester, hört alle zu! Das nächste Ziel hat mit Konsum zu tun, da müssen alle die Ohren aufsperren, denn wir gehen ja gerne shoppen ...

ZIEL 12
VERANTWORTUNGSVOLLER KONSUM

Nachhaltige Konsum- und Produktionsmuster sicherstellen

Also das heißt verantwortungsvoll einkaufen, und nicht einfach nur viel und billig!" – „Da müssen wir uns wohl alle an die eigene Nase fassen", nuschelt der Esel verlegen, weil auch er gerne mal beim „Sale" zuschlägt. „Das stimmt, lieber Esel", miaut die Katze, „wir alle müssen unser Shopping-Verhalten ändern und verantwortungsvoller mit den Ressourcen unserer Erde umgehen. Zugegeben, ich kaufe auch manchmal Dinge, die ich gar nicht brauche, nur weil sie billig sind." – „Aber Roland, du hast doch schon viele Ereignisse kommen und gehen gesehen. Kläre deine tierischen Freunde doch mal auf. Was ist eigentlich verantwortungsvoller Konsum?", fragt der Esel den weisen Freund. Der steinerne Riese runzelt die Stirn: „Also, ich kann euch eines sagen: Heutzutage kaufen die Menschen – und gelegentlich auch die Esel – viel mehr Sachen, als sie eigentlich benötigen. Sachen, die nicht gerade sehr umweltfreundlich hergestellt werden und für die die Arbeiter in den Fabriken extra schwer für wenig Lohn schuften müssen."

Der Hund jault genervt auf: „Immer das gleiche Thema! Warum können die Besitzer der Fabriken ihre Arbeiter nicht überall auf der Welt anständig und gerecht behandeln? Das gehört sich doch nicht, so raffgierig zu sein!" – „Ja, lieber Hund, da hast du recht. Aber leider sind nicht alle Menschen auf der Welt so freundlich. Stellt euch vor: In manchen Ländern müssen sogar Kinder in Fabriken arbeiten!", empört sich der Roland. „Kinder?!", schreit der Hahn und flattert aufgeregt vor dem Gesicht des Rolands herum. „Kinder dürfen doch gar nicht arbeiten! Kinder sollen doch in die Schule gehen!", prustet er erschüttert. Der Esel seufzt: „Daran hält sich aber nicht jeder und in einigen Ländern müssen wirklich viele Kinder oft länger als acht Stunden täglich in Fabriken schuften!" Er senkt traurig den Kopf: „Die armen Kinder wissen gar nicht, wie schön das Leben sein kann. Sie müssen für einen Hungerlohn arbeiten und haben nie Zeit zum Spielen oder zum Lernen." – „Das heißt also, wenn die Kinder arbeiten müssen, können sie gar nicht zur Schule gehen?", fragt die Katze erstaunt, und wird bei dem Gedanken ganz traurig. Der Roland tätschelt der Katze den Kopf: „Ja, meine traurige Mieze, genauso ist es! Und wer nicht zur Schule gehen kann, der lernt sehr viele Dinge nicht

und bleibt so meistens arm. Ein Teufelskreis! Deswegen müssen alle beim Einkaufen darauf achten, woher die Sachen kommen, und ob die Menschenrechte eingehalten werden! Denn Menschenrechte sind Rechte, die alle Menschen auf der Welt haben." – "Das muss doch machbar sein", bellt der Hund entschlossen und schaut zur Einkaufsstraße rüber. "Klar geht das", sagt der Roland und fährt fort: "Was meinst du, wie ich mich freue, wenn ich sehe, dass die Leute Nahrungsmittel in ihren Einkaufsbeuteln haben, die das Fairtrade-Siegel tragen!" – "Das ist eine gute Sache!" Die Katze ist überzeugt: "Ab heute kaufe ich dann nur noch Fairtrade-Dinge!" "Das ist ein guter Vorsatz, liebe Dame. Und noch besser ist es, wenn die Produkte auch noch umweltfreundlich hergestellt werden", sagt der Roland. "Oh, ich weiß, was das heißt!", mischt sich der Hund ein. "Das heißt, dass wenig Wasser verbraucht wird, die Sachen nicht unnötig verpackt sind und Ökostrom verwendet wurde."

"Puh!", grübelt die Katze nun. "Worauf ich alles achten muss. Das ist bestimmt ganz schön teuer und auch anstrengend." – "Sieh es doch mal so", sagt der Esel, "du musst ja nicht ständig neue Sachen kaufen, sondern weniger, aber dafür gute und fair produzierte Sachen. Du kannst Kleidung oder Spielzeug auch länger behalten und schließlich ist es so am Ende gar nicht mehr besonders teuer. Bei Lebensmitteln ist das übrigens vergleichbar. Gute und frische Lebensmittel sind gesünder als billiges Fertigessen. Das Thema hatten wir doch vorhin schon."

Nun sind die Tiere baff – die Nachhaltigkeitsziele hängen wirklich alle miteinander zusammen. Es geht immer um Fairness und ein gutes Leben für alle.

„Meine Freunde, ich wünsche mir, dass alle Menschen auf der Welt das bald verstehen und danach handeln. Die Erde ist so schön und die Kinder von heute und deren Kinder sollen auch noch was von ihr haben. Nicht nur wir im Heute und Jetzt...", sagt der Roland und schaut zum Himmel in die sternenklare Nacht. „Bald bricht der neue Tag an und die Menschen setzen hoffentlich auch um, was sie heute – oder genauer gesagt gestern – hier auf dem Marktplatz laut und stark gefordert haben."

Was kannst du tun?

🍏 Tausche deine Kleidung mit deinen Freunden oder verkaufe sie auf Flohmärkten oder an Secondhandläden.

🍏 Benutze deine Sachen so lange wie möglich und pass auf sie auf, damit sie nicht kaputtgehen.

🍏 Kaufe immer nur so viele Lebensmittel ein, wie du auch verbrauchen kannst. Kleiner Tipp: Niemals hungrig zum Einkaufen gehen!

Welche Ideen hast du noch?

_____

_____

_____

„Zum Glück sind wir schon bei Ziel 13 angekommen. Ich muss gestehen, ich bin jetzt langsam etwas müde. Aber das ist alles echt interessant und ich möchte noch mehr hören. Wer liest vor?", bellt der Hund. „Wie wäre es, wenn du selbst liest, alter Freund? Gegen die Müdigkeit hilft Mitdenken", miaut die Katze und macht es sich wieder zu Füßen des Rolands bequem.

„Okay, dann hört mal gut zu, hier kommt ...

ZIEL 13
MASSNAHMEN ZUM KLIMASCHUTZ

Umgehend Maßnahmen zur Bekämpfung des Klimawandels und seiner Auswirkungen ergreifen

Heiliger Bimbam! Jetzt verstehe ich alles: Warum freitags immer so viele Schüler und Schülerinnen auf dem Marktplatz demonstrieren, warum die Erde immer wärmer wird und die Ozeane immer dreckiger. Der Klimaschutz wurde auf der ganzen Welt einfach zu lange vernachlässigt und die jungen Menschen

von heute wollen nicht in eine zunehmend ungewisse Zukunft blicken. Hier geht es um alles oder nichts, meine tierischen Freunde, versteht ihr?", bellt er nun und läuft hellwach um den Roland herum. Seine Freunde schauen ihn verblüfft an. Der Hund kommt jetzt so richtig in Fahrt: „Ja, auch ältere Menschen setzen sich für die Umwelt ein und demonstrieren mit den Jungen. Das ist gut, da bin ich mir mittlerweile ganz sicher!" Der Esel freut sich über die Begeisterung seines zotteligen Freundes. „Ja, da hast du recht, lieber Hund, immer mehr Menschen setzen sich für eine saubere und bessere Umwelt ein, gehen dafür auf die Straße und zeigen deutlich ihre Meinung", erklärt er.

„Wenn wir nicht gemeinsam etwas tun, wird auch Bremen bestimmt bald mit großen Überschwemmungen zu kämpfen haben, oder geht die alte Hansestadt möglicherweise irgendwann sogar ganz unter?", jault der Hund nun ängstlich und schlägt die Pfoten vors Gesicht. Die gute Laune ist den sorgenvollen Befürchtungen gewichen. „Dürren, Überschwemmungen, Plastikmüll ungeahnten Ausmaßes und die Erwärmung der Ozeane, das sind jetzt schon schlimme Folgen des Klimawandels", sagt der Esel.

Die Katze ist alarmiert: „Überschwemmungen? Ich kann doch gar nicht schwimmen! Muss ich dann meine Heimat verlassen?" – „Na ja, liebe Katze, es gibt mittlerweile viele Menschen, die ihre Heimat aufgrund des Klimawandels verlassen mussten. Es sind ungefähr 20 Millionen

Menschen weltweit. Schrecklich, oder?", sagt der Esel und blickt zum Roland. „Es ist wirklich höchste Zeit etwas zu tun. Die Unternehmen, die Politik und jeder Einzelne von uns muss sich verändern. Strom und Wasser sparen, auf unnötige Verpackungen verzichten, weniger CO_2 verursachen ... Es gibt so vieles, worauf man achten kann. Und es ist nicht schwer, wenn alle mitmachen – jeder noch so kleine Beitrag zählt!", spricht der Roland und ermuntert die Bremer Stadtmusikanten so auf seine freundliche und bedachte Art.

Die Bremer Stadtreinigung bietet die „Tour Global" an. Da lernst du, was ein ökologischer Fußabdruck ist und wie du ihn verringern kannst. Frag deine Lehrer, ob deine Klasse daran teilnehmen kann. Die Tour ist kostenlos und Schulklassen werden mit einem Bus abgeholt und zurückgebracht.

Was kannst du tun?

🍏 Pflanze Bäume und Pflanzen, die die Luft filtern.

🍏 Verzichte auf Plastiktüten und unnötige Verpackungen.

🍏 Trenne deinen Müll und denke daran, dass viele Verpackungen sinnvoll recycelt werden können.

Welche Ideen hast du noch?

Der Roland schnappt sich das Papier. „Ich werde euch mal das nächste Ziel erklären, denn das ist ein ganz besonderes Problem. Mit dem Thema Veränderung der Ozeane und Meere kennt sich keiner von euch so richtig aus, oder?

ZIEL 14
LEBEN UNTER WASSER

Ozeane, Meere und Meeresressourcen im Sinne nachhaltiger Entwicklung erhalten und nachhaltig nutzen

Unsere Ozeane und Meere und deren Bewohner haben immer stärker mit scheußlichem Plastikmüll zu kämpfen. Sie verdrecken mehr und mehr. Verglichen damit haben wir es hier an Land noch recht gut", versucht der Roland seinen Freunden die dramatischen Veränderungen in den Weltmeeren zu erklären. Die Katze leckt sich die Schnauze und muss an den Fisch denken, den sie doch so gerne isst und maunzt: „Heißt das, ich bekomme bald meinen leckeren Fisch nicht mehr?" Der Hund stupst sie neckend in die Seite und lacht. „Warum lachst du? Lachst du etwa über mich?" – „Na, ich stelle mir gerade vor, dass du bald nur noch Obst und Gemüse isst", grinst der Hund. „Sehr witzig", grummelt die Katze eingeschnappt.

„Ja, noch könnt ihr Witze machen", mahnt der Roland, „aber das ist ein ernstes Thema, denn viele Fischbestände sind überfischt und es gibt jetzt schon viele Fischarten gar nicht mehr. Auch die Vielfalt der Unterwasserpflanzen geht zurück." Hund und Katze schauen nun ganz bedröppelt. „Ja, ihr zwei, der Roland hat recht. Die Meere und Ozeane sind eine wichtige Nahrungsquelle und viele Menschen verdienen mit der Fischerei ihr Geld", erklärt der Esel und baut sich vor seinen Freunden auf: „Deswegen müssen wir unsere Meere auch vor Verschmutzung und Überfischung schützen." – „Also öfter mal Obst und Gemüse essen, ist gar keine so schlechte Idee für dich, meine liebe Miezekatze", kräht der Hahn.

„Warum sind die Meere denn eigentlich so verdreckt?", möchte er nun wissen. Der Roland kennt sich damit aus und antwortet: „Wir wissen ja jetzt, dass jedes Jahr 13 Millionen Tonnen Plastikmüll in den Ozeanen landen, die sich nicht biologisch – also natürlich – abbauen, sondern in immer kleinere Teilchen zerfallen.

Seife selber machen

Zutaten: 250g Kernseife · 1-2 Esslöffel Olivenöl · ätherisches Bio-Orangenöl

Kernseife raspeln, mit warmem Wasser zu einer Masse vermengen, Öle hinzufügen und verkneten. In eine Form füllen und erkalten lassen.

Die Meerestiere fressen dieses Plastik dann und so gelangt es schließlich auch in unser Essen." – „Dann esse ich also auch Plastik, wenn ich Fisch esse?", fragt die Katze ganz erschrocken und kratzt sich nervös hinterm Ohr. Der Hund nickt: „Anscheinend ja und das passiert in letzter Zeit immer öfter. Es landen aber auch Chemikalien und Mikroplastik im Meer. Das ist übrigens pures Gift für die großen und kleinen Meeresbewohner." – „Was ist denn das: Mikroplastik?", möchte der Hahn wissen und schaut dabei fragend den Roland an. „Mikroplastik sind ganz kleine Plastikteilchen, die oft nur unter einem Mikroskop zu erkennen sind. Und diese kleinen Teilchen sind ein wirklich großes Problem für unsere Umwelt", erklärt der weise Roland und fährt nachdenklich fort: „Mikroplastik ist zum Beispiel in vielen Duschgels oder in Cremes. Aber auch aus Plastikflaschen kann sich Mikroplastik lösen und gelangt so ins Wasser. Und wisst ihr, der größte Teil an Mikroplastik stammt von Autoreifen. Ja, da staunt ihr, konnte ich auch erst nicht richtig glauben. Es geschieht so: Beim Rollen auf der Straße und besonders beim Bremsen lösen sich kleinste Gummiteilchen von den Reifen. Sie gelangen durch Wind und Regen in die Umwelt und so auch in die Meere." Die Freunde schauen sprachlos vom Bremer Marktplatz

Forscher haben errechnet, dass in Deutschland jedes Jahr etwa 330.000 Tonnen Mikroplastik entstehen. Das sind pro Person fast vier Kilogramm. Produkte mit Mikroplastik sind leicht zu erkennen. Eine Übersicht der Stoffe, die Mikroplastik enthalten findest du in Checklisten von Greenpeace oder auf den Einkaufstipps des BUND.

in den klaren Himmel der Nacht. „Das ist ja furchtbar!", murmeln die Stadtmusikanten. „Was können wir nur tun?", miaut die Katze, und beim Gedanken an Fisch vergeht ihr nun fast der Appetit.

Der Hund will seine Freundin aufmuntern und scherzt: „Wir Stadtmusikanten haben ja nicht einmal ein Auto, sind sozusagen ,Selbstläufer'. Und du, verehrte Mieze? Du brauchst kein Duschgel, du leckst dir schließlich den ganzen Tag das graue Fell. Gut so!" Die Freunde schmunzeln und auch der Roland lacht ein wenig. „Recht hat er, der alte Hund", denkt er, „denn jeder noch so kleine Beitrag zum Klimaschutz zählt."

Was kannst du tun?

🍏 Verzichte auf Produkte mit Mikroplastik.

🍏 Stelle Seifen und Cremes ruhig mal selbst her, das macht Spaß und ist gesund für Mensch und Natur.

🍏 Wirf Müll nicht ungeachtet in die Natur oder ins Wasser.

🍏 kaufe Wasser und Säfte in Glasflaschen.

🍏 Iss nur Fischarten, die nicht durch Überfischung bedroht sind, achte dafür auf die Siegel MSC, Naturland und Bioland.

Welche Ideen hast du noch?

_____

_____

Die Katze holt sich entschlossen die spannenden Papiere über die 17 Nachhaltigkeitsziele vom Roland und verkündet majestätisch: „Ich glaube, ich weiß, wie es weitergeht. Bestimmt geht es jetzt auch um unser Leben an Land, oder, Roland?" – „Das stimmt genau! Wie hast du das nur erraten?", sagt der Roland. „Wir Katzen haben eben einen siebten Sinn", lacht sie und stolziert um ihre Freunde herum. „Ich werde euch das jetzt mal vorlesen. Mit dem Leben an Land kennen wir uns schließlich aus …

ZIEL 15
LEBEN AN LAND

Landökosysteme schützen, wiederherstellen und ihre nachhaltige Nutzung fördern

Äh, weiß jemand, was Ökosysteme sind?", fragt sie in die Runde. Der Hund hebt den Kopf und reißt die Augen auf: „Ich, ich!", ruft er aufgeregt. „Ein Ökosystem ist so eine Art Verbindung von Pflanzen und Tieren an einem ganz bestimmten Ort. Manchmal gehören auch Menschen dazu. Ein Wald, ein Bach oder eine Wiese sind zum Beispiel Ökosysteme." – „Also jetzt bin ich platt. Woher weißt du denn so was?", kräht der Hahn misstrauisch.

„Ja! Da könnt ihr mal sehen, was ich alter Hund alles aufschnappe! Ich habe das von der Enkelin meines alten Herren gelernt. Ich lag oft daneben und habe zugehört, wenn sie von ihrer Mutter für die Schule abgefragt wurde." – „Sehr gut, alter Junge", freut sich der Esel. „Ich habe dabei auch gelernt, dass viele Ökosysteme bereits kaputt und viele Tierarten vom Aussterben bedroht sind", sagt der Hund traurig. „Aber Gewässer, Wälder, Moore und Wiesen sind sehr wichtig für uns Tiere!", sagt der Esel in die Runde. „Und auch für die Menschen", ergänzt der Roland. „Es wird also Zeit, dass die Zweibeiner etwas tun, um die Ökosysteme langfristig zu schützen." – „Und wusstet ihr, dass schon mehr als die Hälfte der Regenwälder für Palmöl, Futtermittel und die Fleischproduktion vernichtet wurden?", fragt der Hund seine Freunde. „Was ist denn nun schon wieder Palmöl?", möchte der Hahn vom Hund wissen. „Hm, das weiß ich jetzt leider auch nicht so genau. Ein alter Hund wie ich kann sich ja nun nicht alles merken ...", flüstert er verlegen. „Ist doch nicht schlimm", sagt der Esel. „Ich weiß, was Palmöl ist. Das ist Öl, das aus den Früchten der Ölpalme gewonnen wird. In tropischen Gebieten wächst sie besonders gut."

Du kannst dir dein eigenes kleines Ökosystem im Glas bauen. Im Internet gibt es viele tolle Beispiele und Anleitungen. Probier's doch mal aus!

„Und wo ist Palmöl überall drin?", miaut die Katze. „In Schoko-cremes, Keksen, Fertiggerichten, aber auch in Cremes oder Lippenstiften", weiß der schlaue Esel und fährt fort: „Das Problem ist, dass für die Palmölgewinnung große Flächen des Regenwaldes abgeholzt werden. Das bedeutet das Ende vieler Tier- und Insektenarten und ist ein großes Problem für unser Klima. Außerdem müssen die Menschen dort umziehen, um Platz für die Plantagen zu machen, und den Menschenaffen dort wird so der Lebensraum genommen. Wenn wir eines jetzt verstanden haben, dann, dass das ja wohl das Gegenteil von nachhaltig ist, oder, meine Freunde?" – „Sehr gut zusammengefasst", sagt der Roland und alle Freunde nicken zustimmend.

Was kannst du tun?

- Hänge Nistkästen für Vögel im Garten oder an eurem Balkon auf.
- Leg eine Bienenstreuwiese im Garten oder mit der Schulklasse im Schulgarten an.
- Achte darauf, ob Palmöl in Lebensmitteln enthalten ist und nimm Alternativen. Sprich mit deinen Eltern darüber.

Welche Ideen hast du noch?

_____

„Freunde, dort hinten, seht ihr auch schon die rosa Wolken? Die
Sonne kommt langsam über den Horizont! Schnell, wir wollen doch
noch in Ruhe die letzten beiden Ziele lesen, bevor hier auf dem
Marktplatz wieder der gewohnte Trubel losgeht", kräht der Hahn.
„Wer möchte das nächste Ziel vorlesen?" Die Katze schnappt sich
das Papier. „Gib mal her, mein gefiederter Freund, ich lese euch
vor, was sich diese schlauen Menschen als nächstes ausgedacht
haben ...

ZIEL 16
FRIEDEN, GERECHTIGKEIT UND STARKE INSTITUTIONEN

Friedliche und inklusive Gesellschaften für eine nachhaltige Entwicklung fördern

Donnerwetter, jetzt werden hier die ganz großen Zusammenhänge
beschrieben, oder?", fragt die Katze und gibt das Papier an den
Roland weiter. „Oh ja, und ich weiß aus eigener Erfahrung, dass
Frieden und Gerechtigkeit sehr wichtig für unser Leben und unsere

Gesellschaft sind. Jeder Mensch ist frei geboren und sollte sich als freier Mensch bewegen dürfen." Die Katze fühlt sich angesprochen und bäumt sich vor ihren Freunden auf. „Jawohl! Und frei sein, das bedeutet, dass man zum Beispiel frei seine Meinung äußern kann, ohne Angst vor Bestrafung oder doofen Sprüchen haben zu müssen. Das nennt man Meinungsfreiheit." – „Natürlich darf man durch das, was man sagt, andere nicht abwerten oder das Grundrecht von anderen verletzen", erklärt der Roland der Katze und krault dabei ihren Nacken.

Das Grundgesetz ist das wichtigste Gesetz in Deutschland. Es steht über allen anderen Gesetzen. Keine Regel in Deutschland darf gegen das Grundgesetz verstoßen. Ein anderes Wort für Grundgesetz ist Verfassung.

„Grundrechte ... das kommt mir irgendwie bekannt vor ... was genau war das nochmal?", kräht der Hahn und flattert um die Beine des Rolands herum. „Das kann ich dir erklären", freut sich der Hund und fährt fort: „Die Grundrechte stehen im Grundgesetz. Das Grundgesetz ist die Verfassung der Bundesrepublik Deutschland. Die Grundrechte sind die wichtigsten Rechte, die Menschen in Deutschland haben und sie sollen jeden Menschen schützen." – „Nicht schlecht, alter Hund. Du zeigst heute Nacht ganz andere Seiten von dir", lobt der Hahn seinen alten Kumpel. „Erzähl doch mal, was gibt es so für Grundrechte?", fragt er. Das lässt der Hund sich nicht zweimal fragen und fängt an: „‚Die Würde des Menschen ist unantastbar' gibt es zum Beispiel. Das bedeutet, dass jeder Mensch wertvoll ist, oder das Recht auf die eben genannte Freiheit hat. Jeder Mensch

Bestell dir für deine Klasse das Buch **Wertvoll** von der BremerLeseLust. Hier werden die Grundrechte verständlich erklärt! Für Schulklassen ist es kostenlos. Informiere dich unter **www.bremerleselust.de**!

darf sein Leben so leben, wie er möchte. Aber er muss sich dabei an die Gesetze halten. Ein weiteres Grundrecht ist auch, dass alle Menschen gleich sind. Das bedeutet, alle Menschen sind vor dem Gesetz gleich und haben die gleichen Rechte."

Der Hahn ist begeistert und will nun alles darüber wissen: „Sag mal, mein lieber Hund, ist das in jedem Land gleich?" – „Leider nein. Es gibt zwar in den meisten Ländern Gesetze, aber die sind zum Teil sehr unterschiedlich", erwidert der Hund traurig. „Ja, und in einigen Ländern muss man sogar mit Strafen rechnen, wenn man seine Meinung sagt", sagt der Roland und schaut zu seinen tierischen Freunden herunter. „Dadurch kommt es leider auch zum Krieg in einigen Ländern." – „Ich verstehe! Und deswegen ist es so wichtig, sich für Frieden und Gerechtigkeit einzusetzen!" „Ja genau, das hast du richtig verstanden. Ohne eine friedliche und funktionierende, gleichberechtigte Gesellschaft ist dauerhafter Frieden und Glück für alle Menschen nicht zu erreichen", sagt der Roland und nimmt nun wieder das Heft mit den 17 Nachhaltigkeitszielen in die Hand.

Was kannst du tun?

🍏 Sorge in deinem Freundeskreis für Gerechtigkeit und sei ein gutes Vorbild für deine Geschwister.

🍏 Gib Gewalt keine Chance und setze bei allen Konflikten auf eine friedliche Lösung.

🍏 Setze dich gegen Ungerechtigkeiten ein und tue dich dabei mit anderen zusammen. Gemeinsam ist man stärker!

Welche Ideen hast du noch?

_____

_____

_____

_____

_____

_____

_____

„Meine Freunde, wir sind schon beim letzten Ziel angekommen",
sagt der Roland verblüfft. „Echt jetzt?", ruft der Esel laut und
schlägt vor Freude mit den Hufen aus. „Junge, Junge, wie die
Zeit rennt, ich fand es so richtig spannend", sagt der Hund, läuft
aufgeregt um seine Freunde herum und bleibt schließlich vor
dem Roland stehen. „Na, dann los, steinerner Freund, lies uns mal
das letzte Ziel vor!" – „Ganz wie ihr wollt, meine lieben Gefährten.
Dann hört mal zu ...

ZIEL 17
PARTNERSCHAFTEN ZUM ERREICHEN DER ZIELE

Umsetzungsmittel stärken und die Globale Partnerschaft für nachhaltige Entwicklung mit neuem Leben erfüllen

Jetzt geht es um Freundschaft und Zusammenhalt", sagt der
Roland und schaut seine Freunde an. „Aha, jetzt kommen wir
alle ins Spiel", freut sich der Hund. „Wenn es um Teamgeist und
Zusammenhalt geht, dann sind wir richtig gut!" – „Um die 17 Ziele
erreichen zu können, müssen alle zusammenarbeiten.

Man soll nicht nur egoistisch sein eigenes Süppchen kochen!",
sagt der Esel. „Was? Süppchen? Wie jetzt ...", ruft der Hahn und
flattert aufgeregt herum: „Aber ich will nicht in die Suppe!" –
„Quatsch! Nun beruhige dich mal, alter Hahn, das ist doch nur ein
Sprichwort. Hier kommt niemand in die Suppe!", lacht der Esel und
gibt dem Hahn einen freundschaftlichen Stups in die Seite. „Und
wenn ich sage, dass wir alle zusammenarbeiten müssen, meine
ich natürlich nicht nur uns Freunde, sondern auch alle anderen
Menschen, Unternehmen, Länder und soziale Einrichtungen. Wir
müssen alle unseren Beitrag leisten, um diese Ziele zu erreichen.
Alle Ziele sind miteinander verbunden und deswegen ist der
Zusammenhalt so wichtig", fasst der Esel sehr schlau zusammen.
Die Freunde und der Roland sind sich einig: „Gemeinsam sind wir
stark! Niemand darf zurückgelassen werden!", rufen sie so laut,
dass es über den ganzen Marktplatz schallt.

Der Roland lächelt seine Freunde glücklich an: „Wisst ihr, was
Ban Ki-moon, der UN-Generalsekretär von 2007 bis 2016, mal
gesagt hat? Er sagte: ‚Wir können die erste Generation sein, der
es gelingt, die Armut zu beseitigen, ebenso wie wir die letzte sein
könnten, die die Chance hat, unseren Planeten zu retten.' Denkt
mal darüber nach ..."

Der gute Mond ist längst untergegangen und die ersten
Sonnenstrahlen kämpfen sich durch die leicht dahinschwebenden
Wolken. Ein neuer Tag bricht an und der Roland und die
Stadtmusikanten eilen schnell auf ihre angestammten Plätze
zurück.

Was kannst du tun?

🍏 Erzähle jedem von den 17 UN-Nachhaltigkeitszielen.

🍏 Erzähle deinen Freunden, Mitschülern und deiner Familie von diesem Buch.

🍏 Lies das Buch noch einmal mit deinen Eltern oder Lehrern, wenn du manches nicht verstanden hast. Der Stoff ist nicht leicht, aber du weißt ja jetzt: Wer nicht fragt, der kommt auch nicht weiter.

🍏 Schreibe deine eigenen Maßnahmen zu Klimaschutz und Nachhaltigkeit in dieses Buch und versuche, so viel wie möglich mit deiner Familie und deinen Freunden umzusetzen.

Welche Ideen hast du noch?

_____

_____

_____

_____

_____

_____

_____

_____

Die Menschen werden nicht erfahren, was heute Nacht auf dem Marktplatz zu Bremen Wichtiges besprochen wurde, oder vielleicht doch? Der Roland hat sich vorgenommen, das Heft über die 17 Nachhaltigkeitsziele auf seine Füße zu legen. Sicher nimmt es ein aufmerksamer Mensch mit und, wer weiß, vielleicht ist er dann nach dem Lesen der Nächste, der sich für die Durchsetzung dieser Ziele einsetzt. Stellt euch vor, es wäre sogar der Bürgermeister, der das Heft findet und der kümmert sich dann darum, dass in den Schulen über die Nachhaltigkeitsziele und die Zukunft der Welt gesprochen wird. Und die Schulkinder reden mit ihren Eltern darüber und die erzählen es ihren Freunden und die wiederum berichten es Menschen in anderen Städten und diese nehmen ihr Wissen mit in die Welt und dann, ja, dann haben wir eine Chance, die Welt zu retten.

Stellt euch vor, jeder macht mit und jeder sagt es weiter, jeder ändert sein Verhalten ein kleines bisschen und jeder fragt öfter kritisch nach, ob Neues auch nachhaltig ist. Das wäre doch mal was! Eines haben die Bremer Stadtmusikanten in dieser denkwürdigen Nacht gelernt:

Verbesserungen gibt es nur durch Zusammenhalt!
Jeder kann und muss etwas ändern!
Gemeinsam sind wir stark!

Ulrike Hövelmann wurde 1954 in Bremen geboren, arbeitete als Lehrerin und war zwölf Jahre Abgeordnete der Bremer Bürgerschaft. Nach ihrem Ausscheiden war sie Projektmanagerin beim Standortmarketing Bremen. 2003 gründete sie nach dem sogenannten „PISA-Schock" die BremerLeseLust e. V. und hat seitdem zahlreiche regionale, nationale und internationale Projekte für die Leseförderung organisiert und durchgeführt. Für ihr Engagement erhielt sie 2017 das Bundesverdienstkreuz.

Anne-Kathrin Laufmann, gebürtige Bremerin, Jahrgang 1979, ist seit 2012 CSR Direktorin beim SV Werder Bremen. Die zertifizierte CSR- und Stiftungsmanagerin und gelernte Werbekauffrau studierte an der Universität Bremen Kultur- und Sportwissenschaften und ist seit 2006 dem SV Werder Bremen treu. Als Mutter und auch beruflich bedingt liegt ihr das Thema „Nachhaltigkeit" sehr am Herzen.

Andreas Röckener wurde 1956 in der Nähe von Münster geboren. Heute lebt er als freier Illustrator und Autor in Oststeinbeck bei Hamburg, wobei Kinderbücher ein Schwerpunkt seiner Arbeit sind. Er ist der Illustrator der BremerLeseLust.

Die Bremer Stadtmusikanten entdecken noch mehr!

Die Grundrechte kinderleicht erklärt

Bei einer ihrer nächtlichen Erkundungstouren durch die Hansestadt haben die Bremer Stadtmusikanten ein ganz besonderes Buch gefunden – das Grundgesetz. Doch was ist das eigentlich? Die vier wollen es ganz genau wissen und fragen deshalb ihren Freund, den Roland. Da dieser schon seit über 600 Jahren auf dem Marktplatz steht, hat er eine ganze Menge gesehen und erlebt und weiß so viel wie niemand sonst. Der Roland erklärt den Stadtmusikanten, was im Grundgesetz festgehalten ist und warum es so wichtig für ein friedliches Zusammenleben aller Menschen ist. In einfachen Sätzen und mit vielen farbenfrohen Illustrationen können Kinder mit diesem Buch die verschiedenen Grundrechte und deren Bedeutung in ihrem eigenen Alltag und für die Gesellschaft kennen- und verstehen lernen. Ein wichtiges und sehr aktuelles Buch, als Schullektüre oder zum Nachschlagen zu Hause!

Für Schulklassen kostenlos. Informiere dich unter www.bremerleselust.de!

Wertvoll
Die Bremer Stadtmusikanten entdecken die Grundrechte der Bundesrepublik Deutschland
48 Seiten, Softcover, 12 x 19 cm
€ 9,90 [D]
ISBN 978-3-7961-1050-4

©2020 BremerLeseLust e. V., Georg-Gröning-Straße 33,
28209 Bremen | www.bremerleselust.de
Texte: Ulrike Hövelmann und Anne-Kathrin Laufmann
Illustrationen: Andreas Röckener

Ermöglicht durch die Unterstützung von
Niederlassung Brinkum & Bremerhaven von IKEA Deutschland
und Die Bremer Stadtreinigung

Die Buchseiten wurden klimaneutral und mit umweltfreundlichen Druckfarben
auf 100% Recyclingpapier gedruckt.

Gesamtherstellung: Carl Ed. Schünemann KG | ISBN 978-3-7961-1092-4